财经法规与会计职业道德习题册

孙宇辰　主编

中国劳动社会保障出版社

简　　介

本习题册与全国高等职业院校会计专业教材《财经法规与会计职业道德》配套使用。习题册按照教材章节顺序编排，包括单项选择题、多项选择题、判断题、简答题和综合题等多种题型，供学生课后练习使用。

本习题册由孙宇辰主编，施瑶、张彬琰、蒋佳嘉参编。

图书在版编目(CIP)数据

财经法规与会计职业道德习题册/孙宇辰主编. -- 北京：中国劳动社会保障出版社，2023
全国高等职业院校会计专业教材
ISBN 978-7-5167-5787-1

Ⅰ.①财… Ⅱ.①孙… Ⅲ.①财政法-中国-高等职业教育-习题集②经济法-中国-高等职业教育-习题集③会计人员-职业道德-高等职业教育-习题集 Ⅳ.①D922.204②F233-44

中国国家版本馆 CIP 数据核字(2023)第 058911 号

中国劳动社会保障出版社出版发行
（北京市惠新东街 1 号　邮政编码：100029）
*
北京市科星印刷有限责任公司印刷装订　　新华书店经销
787 毫米×1092 毫米　16 开本　2.25 印张　47 千字
2023 年 5 月第 1 版　　2023 年 5 月第 1 次印刷
定价：6.00 元

营销中心电话：400-606-6496
出版社网址：http://www.class.com.cn
http://jg.class.com.cn

目录

第一章　会计法律制度

一、单项选择题

1. 下列选项中，属于会计专业职务的是（　　）。

A. 财务部经理　　B. 助理会计师　　C. 主任会计师　　D. 总会计师

2. 下列选项中，属于会计法律的是（　　）。

A.《总会计师条例》　　B.《会计基础工作规范》

C.《中华人民共和国会计法》　　D.《企业财务报告条例》

3. 应当对本单位的会计工作和会计资料的真实性、完整性负责的是（　　）。

A. 审计人员　　B. 会计机构负责人　C. 总会计师　　D. 单位负责人

4. 单位负责人对依法履行职责、抵制违反《会计法》规定行为的会计人员以降级、撤职、调离工作岗位、解聘或者开除等方式实行打击报复，构成犯罪的，依法追究刑事责任；尚不构成犯罪的，由其所在单位或者有关单位给予的处理是（　　）。

A. 依法追究行政责任　　B. 依法给予行政处分

C. 依法追究民事责任　　D. 依法给予行政处罚

5. 下列选项中，属于有权对会计信息质量检查中发现的违法行为实施行政处罚的部门是（　　）。

A. 国家质量技术监督部门　　B. 县级以上财政部门

C. 国家统计部门　　D. 国家工商行政管理部门

6. 下列选项中，不属于财政部门实施会计监督检查的内容是（　　）。

A. 各单位是否按照实际发生的经济业务进行会计核算

B. 各单位是否按照税法的规定按时足额纳税

C. 各单位是否依法设置会计账簿

D. 各单位的会计核算是否符合法定要求

7. 各单位内部会计监督的主要途径是（　　）。

A. 通过会计机构进行监督

B. 通过单位负责人进行监督

C. 通过会计人员进行监督

D. 通过建立健全内部会计监督制度进行监督

8. 下列选项中，属于各单位加强现金和银行存款管理的重要账簿是（　　）。

A. 明细账　　B. 总账　　C. 备查账簿　　D. 日记账

9. 对于不具备设置会计机构条件的单位，正确的做法是（　　）。

A. 可以不记账　　B. 可以挂靠其他单位进行记账

C. 可以挂靠财政部门进行记账　　D. 可以委托中介机构代理记账

10. 单位在审核原始凭证时，发现外来原始凭证的金额有错误，正确的处理是（　　）。

A. 接受凭证单位更正并加盖公章　　B. 原出具凭证单位重开

C. 原出具凭证单位更正并加盖公章　　D. 经办人员更正并报领导审批

11. 甲单位会计李某采用涂改手段，将金额为 20 000 元的购货发票改为 60 000 元。根据《会计法》的有关规定，该行为属于（　　）。

A. 伪造会计凭证　　B. 变造会计凭证

C. 伪造会计账簿　　D. 变造会计账簿

12. 下列选项中，（　　）的记账凭证可以不附原始凭证。

A. 结账和更正错误　B. 采购业务　C. 债务结算　D. 收款业务

13. 根据《会计法》的规定，单位提供的担保、未决诉讼等或有事项，应当按照国家统一的会计制度规定，在（　　）中予以说明。

A. 财务会计报告　　B. 会计凭证

C. 会计账簿　　D. 其他会计核算资料

14. 对于业务收支以人民币以外的货币为主的单位，下列说法错误的是（　　）。

A. 可以选择人民币为记账本位币

B. 可以选定一种外币为记账本位币

C. 编制的财务会计报告不用折算为人民币反映

D. 编制的财务会计报告应当折算为人民币反映

15. 内部牵制制度是指凡涉及款项或者财务收付、结算及登记工作，必须由（　　）分工办理，以相互制约的工作制度。

A. 2 人　　B. 3 人

C. 3 人或 3 人以上　　D. 2 人或 2 人以上

16. 根据有关规定，会计人员因故离职时应与接替人员办理交接手续。下列选项中，对会计交接工作表述正确的是（　　）。

A. 未办理交接手续的，会计人员不得调动工作或离职

B. 一般会计人员办理交接手续，由单位负责人负责监交

C. 交接工作结束后，接替人员应当另立账册记账，以便分清各自的职责

D. 交接工作结束后，只需要移交人员与接替人员在移交清册上签章

17. 根据会计法律制度的规定，从事代理记账业务的机构必须取得代理记账许可证。该许可证的审批机关是（　　）。

A. 县级以上市场监督管理部门

B. 县级以上人民政府财政部门

C. 县级以上国家税务机关

D. 县级以上人民政府审计部门

18. 根据《会计法》的规定，对随意变更会计处理方法的会计人员应处以（　　）。

A. 3 000 元以上 5 万元以下的罚款

B. 2 000 元以上 2 万元以下的罚款

C. 3 000 元以上 2 万元以下的罚款

D. 2 000 元以上 5 万元以下的罚款

19. 下列会计档案中，应当永久保管的是（　　）。

A. 库存现金日记账和银行存款日记账

B. 银行对账单

C. 会计档案保管清册

D. 会计档案移交清册

20. 会计人员故意销毁会计凭证，被依法追究刑事责任，则该会计人员（　　）不得从事会计工作。

A. 3 年内　　B. 5 年内　　C. 10 年内　　D. 终身

二、多项选择题

1. 下列选项中，属于会计核算内容的有（　　）。

A. 财物的收发、增减和使用　　B. 债权债务的发生和结算

C. 资本、基金的增减　　D. 财务成果的计算和处理

2. 财政部门履行的会计行政管理职能主要有（　　）。

A. 制定国家统一的会计制度　　B. 会计市场管理

C. 会计专业人才评价　　D. 会计监督检查

3. 财政部门实施会计监督的主要内容包括（　　）。

A. 各单位是否依法设置会计账簿

B. 各单位是否依法设置总会计师

C. 会计凭证、会计账簿、财务会计报告和其他会计资料是否真实、完整

D. 各单位的会计核算是否符合法定要求

4. 下列选项中，属于行政事业单位内部控制方法的有（　　）。

A. 不相容岗位相互分离　　B. 会计控制

C. 内部授权审批控制　　D. 预算控制

5. 下列选项中，不属于企业内部控制应当遵循的原则有（　　）。

A. 可比性原则　　B. 真实性原则

C. 重要性原则　　D. 谨慎性原则

6. 代理记账的业务范围包括（　　）。

A. 审核、填制原始凭证　　B. 填制记账凭证

C. 登记会计账簿并编制财务会计报告　　D. 提供税务资料

7. 下列选项中，属于代理记账机构及其从业人员应当履行的义务有（　　）。

A. 对委托人提出的有关会计处理相关问题予以解释

B. 对在执行业务中知悉的商业秘密予以保密

C. 对委托人要求其作出不当的会计处理，提供不实的会计资料，以及其他不符合法律、法规和国家统一的会计制度行为的，予以拒绝

D. 遵守有关法律、法规和国家统一的会计制度的规定，按照委托合同办理代理记账业务

8. 下列选项中，需要办理会计工作交接的情形有（　　）。

A. 会计人员正常调动工作时

B. 会计人员因病暂时不能工作时

C. 会计人员离职时

D. 会计人员死亡或者失踪时

9. 下列选项中，不属于注册会计师及其所在的会计师事务所法定业务范围的有（　　）。

A. 依法承办审计业务　　B. 检查企业生产经营完成情况

C. 检查企业会计工作情况　　D. 承办会计咨询、会计服务业务

10. 下列选项中，属于单位负责人对依法履行职责、抵制违反《会计法》规定行为的会计人员进行打击报复的行为包括（　　）。

A. 降级　　B. 撤职

C. 调离工作岗位　　D. 解聘或者开除

三、判断题

1. 会计法律是由全国各地人民代表大会或其常务委员会制定的。（　　）

2. 会计工作的政府监督的实施主体是政府财政部门。（　　）

3. 财政、审计、税务、中国人民银行、证券监管、保险监管等部门有权对有关单位会计资料的真实性、完整性进行检查。（　　）

4. 会计机构、会计人员应当依照《会计法》的相关规定进行会计核算，实行会计监督。（　　）

5. 会计人员对不真实、不合法的原始凭证，有权不予受理，并向单位负责人报告，请求查明原因，追究相关当事人的责任。（　　）

6. 原始凭证不得外借，其他单位如因特殊原因需要使用原始凭证，经本单位会计机构负责人、会计主管人员批准可以复制，并办理登记手续。（　　）

7. 会计人员的工作岗位应该有计划地进行轮换。（　　）

8. 会计人员工作交接时，因接替人员交接时的工作疏忽而没有发现所交接会计资料在真实性、完整性方面的问题，如事后发现，应由接替人员对会计资料的真实性、完整性承担法律责任。（　　）

9. 单位的财务会计报告必须经过注册会计师审计才能对外报出。（　　）

10. 单位应当加强银行预留签章的管理，必须坚持由一人保管支付款项所需的全部印章的原则。（　　）

四、简答题

1. 简述会计法律制度的构成。

2. 简述会计监督的含义。

五、综合题

某公司发生以下情况：

（1）公司接受上级有关单位审核，发现一张购买计算机的发票金额栏中的数字有更改现象，经查阅相关买卖合同、单据，确认更改后的金额是正确的，更改处盖有出具单位的相关印章。公司以该发票为原始凭证进行账务处理并入账。

（2）公司的一家供货商多次上门催要逾期货款，经公司负责人同意，会计主管张某让出纳人员将一张 25 万元的转账支票交给供货商。供货商向银行提示付款时，银行以该公司的银行存款余额不足 25 万元为由予以退票。

（3）公司对外报送 2021 年年度财务会计报告，公司董事会研究决定，公司对外报送的财务会计报告由公司财务总监签字、盖章后报出。

（4）公司财务部门搬入新的办公室，财务人员将保管期满的会计档案全部销毁。在销毁的会计档案中，有保管期满但尚在使用的一台机器的原始凭证。

（5）该公司原出纳人员张某在担任出纳工作期间的有些资料存在问题，而接替者刘某在交接时并未发现。检查人员在了解情况时，原出纳人员张某说："已经办理了会计交接手续，自己不再承担任何责任，责任由接替者刘某承担。"

请根据上述资料，回答下列问题。

（1）关于该公司对购买计算机发票的处理，下列说法正确的有（　　）。

A. 该公司的处理方法是符合法律规定的

B. 该公司的处理方法不符合法律规定

C. 发票上金额有错误，应当由出具单位重新开具，不能更改

D. 发票上金额有错误，在更改处有出具单位的相关印章即可

（2）关于该公司签发 25 万元转账支票的行为，下列说法正确的有（　　）。

A. 该公司签发的是空头支票，是违法行为

B. 出纳人员并不知道公司银行存款余额小于 25 万元，所以此行为不违法，重新开一张就可以

C. 银行予以退票，有权对其处以支票金额 5%的罚款

D. 持票人有权要求出票人支付支票金额 5%的赔偿金

（3）关于财务会计报告的签章程序，下列说法不正确的有（　　）。

A. 财务会计报告必须由单位负责人签字并盖章

B. 财务会计报告必须由单位会计人员签字并盖章

C. 财务会计报告必须由单位总会计师签字并盖章

D. 财务会计报告必须由单位会计机构负责人签字并盖章

（4）关于该公司销毁会计档案的行为，下列说法正确的有（　　）。

A. 由于搬迁，所以该公司销毁会计档案的行为是合法的

B. 该公司销毁会计档案的行为是违法的

C. 会计档案只要保管期满就可以销毁

D. 该公司应该把尚在使用的一台机器的原始凭证单独抽出立卷

（5）关于张某的解释理由，下列说法正确的有（　　）。

A. 张某已办理交接手续，且接替者刘某在交接时并没有发现，故此理由可以理解

B. 张某应该对工作期间的资料存在的问题承担法律责任

C. 移交人员对移交的会计资料的合法性、真实性、完整性承担法律责任

D. 会计资料移交后，发现的一切问题由接替人员负责

第二章　支付结算法律制度

一、单项选择题

1. 下列情形中，可以办理退汇的是（　　）。
   A. 汇款人与收款人未达成一致退汇意见
   B. 该汇款尚未汇出
   C. 经过 1 个月无法交付的汇款
   D. 收款人拒绝接受的汇款
2. 根据支付结算法律制度的规定，下列有关汇兑的表述不正确的是（　　）。
   A. 汇兑每笔金额 1 万元起
   B. 汇兑分为信汇和电汇两种
   C. 汇兑适用于单位和个人各种款项的结算
   D. 汇兑是汇款人委托银行将其款项支付给收款人的结算方式
3. 下列关于汇兑特征的表述中，不符合法律规定的是（　　）。
   A. 单位和个人各种款项的结算，均可使用汇兑结算方式
   B. 汇款回单作为该笔汇款已转入收款人账户的证明
   C. 汇款人对汇出银行尚未汇出的款项可以申请撤销
   D. 汇入银行对于收款人拒绝接受的汇款，应立即办理退汇
4. 下列选项中，信用卡持卡人可以使用单位卡的情形是（　　）。
   A. 存入销货收入的款项　　B. 购买价值 9 万元的计算机
   C. 支取现金　　D. 支付 12 万元劳务费用
5. 信用卡持卡人非现金交易享受免息还款期，免息还款期最长为（　　）天。
   A. 20　　B. 30　　C. 50　　D. 60
6. 下列情形中，不可以开立临时存款账户的是（　　）。
   A. 设立临时机构　　B. 异地临时经营活动
   C. 期货交易保证金　　D. 注册验资
7. 银行结算账户的监督管理部门是（　　）。
   A. 各级财政部门
   B. 中国人民银行
   C. 各开户银行
   D. 国务院及地方各级人民政府

8. 下列关于普通支票使用范围的表述中，错误的是（　　）。

A. 划线普通支票只能用于支取现金

B. 普通支票既可用于转账结算，也可用于支取现金

C. 转账支票只能用于转账

D. 现金支票只能用于支取现金

9. 下列关于支票提示付款期限的表述中，正确的是（　　）。

A. 自出票日起 10 日内　　B. 自出票日起 20 日内

C. 自出票日起 30 日内　　D. 自出票日起 60 日内

10. 因采购地点不确定，办理转账结算不方便，必须使用现金的开户单位，要向开户银行提出书面申请。由（　　）签字盖章，开户银行审查批准后，予以支付现金。

A. 本单位财会部门负责人　　B. 本单位负责人

C. 总会计师　　D. 董事长

11. 长江公司出纳李某于 2009 年 2 月 10 日签发了一张转账支票，转账支票上日期填写正确的是（　　）。

A. 贰零零玖年贰月拾日　　B. 贰零零玖年零贰月壹拾日

C. 贰零零玖年零贰月零壹拾日　　D. 贰零零玖年贰月壹拾日

12. 下列有关票据出票日期的表述中，正确的是（　　）。

A. 票据的出票日期必须使用中文大写

B. 在填写月、日时，月为壹、贰和壹拾的应在其前面加“壹”

C. 在填写月、日时，日为拾壹至拾玖的，应在其前面加“零”

D. 票据出票日期使用小写填写的，票据无效

13. 单位和个人在（　　）的各种款项结算，可以使用支票。

A. 异地　　B. 同一票据交换区域

C. 同城和异地　　D. 同城或异地

14. 存款人违反规定将单位款项转入个人银行结算账户的，对于经营性的存款人，给予警告并处以（　　）的罚款。

A. 1 000 元　　B. 10 000 元

C. 5 000 元以上 3 万元以下　　D. 1 万元以上 3 万元以下

15. 关于现金收支的基本要求，下列表述不正确的是（　　）。

A. 开户单位收入现金一般应于当日送存开户银行

B. 开户单位支付现金，可以从本单位的现金收入中直接支付

C. 开户单位对于符合现金使用范围规定，从开户银行提取现金的，应写明用途，由本单位财会部门负责人签字盖章，并经开户银行审查批准

D. 禁止单位之间相互借用现金

16. 开户单位可以在一定范围内使用现金，按照有关规定，对于零星支出的现金结算起点是（　　）元以下。

A. 1 000　　B. 1 500　　C. 2 000　　D. 500

17. 乙公司向丙公司出售商品，收到丙公司开来的商业汇票，乙公司出纳不慎将该商业汇票丢失，则乙公司可以采取的补救措施是（　　）。

A. 普通诉讼　　B. 注销银行账号　　C. 变更工商登记　　D. 变更开户银行

18. 根据《票据法》的规定，下列关于支票的说法正确的是（　　）。

A. 支票的收款人可以由出票人授权补记

B. 支票不可以背书转让

C. 支票的提示付款期限为出票日起 1 个月

D. 持票人提示付款时，支票的出票人账户金额不足的，银行应先向持票人支付票款

19. 接受汇票出票人的付款委托、同意承担支付票款义务的人是（　　）。

A. 被背书人　　B. 背书人　　C. 承兑人　　D. 保证人

20. 下列选项中，属于出票行为的是（　　）。

A. 出票人签发票据并将其交付给收款人的行为

B. 持票人在票据背面记载有关事项并签章的行为

C. 汇票付款人承诺在汇票到期日支付汇票金额并签章的行为

D. 票据债务人以外的人为担保特定债务人履行票据债务而在票据上记载有关事项并签章的行为

二、多项选择题

1. 下列关于商业汇票的表述中，符合法律规定的有（　　）。

A. 商业汇票的提示承兑期限，为自汇票到期日起 10 日内

B. 商业汇票的提示付款期限，为自汇票到期日起 10 日内

C. 商业汇票的付款期限，最长不得超过 6 个月

D. 见票后定期付款的商业汇票，提示承兑期限为自出票日起 1 个月内

2. 下列属于非票据结算方式的有（　　）。

A. 银行本票　　B. 汇兑　　C. 信用卡　　D. 委托收款

3. 按照承兑人的不同，商业汇票分为（　　）。

A. 商业本票　　B. 银行汇票

C. 银行承兑汇票　　D. 商业承兑汇票

4. 下列关于票据金额的填写，说法正确的有（　　）。

A. 阿拉伯小写金额数字中有“0”的，中文大写应按汉语语言规律、金额数字和防止涂改的要求进行书写

B. 大写金额数字有“分”的，“分”后面可以写“整”（或“正”）字

C. 大写金额数字应紧接“人民币”字样填写，不得留有空白

D. 大写金额数字前未印“人民币”字样的，应加填“人民币”字样

5. 我国《票据法》上所称的票据包括（　　）。

A. 汇票　　B. 债券　　C. 支票　　D. 本票

6. 对存款人违反规定，伪造、变造开户登记证的处罚，下列表述正确的有（　　）。

A. 非经营性的存款人，处以 1 000 元的罚款

B. 经营性的存款人，给予警告并处以 1 万元以上 3 万元以下的罚款

C. 非经营性的存款人，给予警告并处以 1 万元以上 3 万元以下的罚款

D. 构成犯罪的，移交司法机关依法追究刑事责任

7. 下列存款人中，可以申请开立基本存款账户的有（　　）。

A. 企业法人　　B. 单位附属独立核算的食堂

C. 个体工商户　　D. 自然人

8. 一般存款账户的使用范围包括办理（　　）。

A. 借款转存　　B. 借款归还

C. 现金缴存　　D. 现金支取

9. 银行结算账户的变更主要包括（　　）的变更。

A. 存款人名称　　B. 单位法定代表人

C. 单位主要负责人　　D. 住址

10. 下列关于银行结算账户的表述，错误的有（　　）。

A. 基本存款账户主要办理存款人日常经营活动的资金收付及其工资、奖金和现金的支取

B. 一般存款账户用于办理各项资金的收付

C. 专用存款账户可以用于办理存款人借款转存、借款归还和其他结算的资金收付

D. 临时存款账户用于办理临时机构以及存款人临时经营活动发生的资金收付

三、判断题

1. 中文大写金额数字到“元”为止的，在“元”之后，可以写“整”（或“正”）字，在“角”之后不能写“整”（或“正”）字。（　　）

2. 存款人尚未清偿开户银行债务，不得申请撤销银行结算账户。（　　）

3. 个人银行结算账户是指自然人、法人和其他组织因投资、消费、结算等而开立的可办理支付结算业务的存款账户。（　　）

4. 异地银行结算账户只能是单位开立。（　　）

5. 注册验资的临时存款账户在验资期间只付不收。（　　）

6. 单位银行结算账户中单位的法定代表人发生变更时，应当于 5 个工作日内书面通知开户银行并提供有关证明。银行接到存款人的变更通知后，应及时办理变更手续，并于 3 个工作日内向中国人民银行报告。（　　）

7. 支付结算是指单位在社会经济活动中使用票据、银行卡和汇兑、托收承付、委托收款等结算方式进行货币给付及其资金清算的行为。个人在社会经济活动中使用票据、银行卡等方式进行资金清算的行为不属于支付结算的范畴。（　　）

8. 银行一律不得为任何单位或者个人查询账户情况，不得为任何单位或者个人冻结、扣划款项，不得停止单位、个人存款的正常支付。（　　）

9. 根据《支付结算办法》的规定，除法律、行政法规另有规定外，未经中国人民银行批准的非银行金融机构和其他单位，不得作为中介机构经营银行支付结算业务。(　　)

10. 支票在同一票据交换区域内可以背书转让。(　　)

四、简答题

1. 一般存款账户的使用范围是什么?

2. 票据的功能有哪些?

五、综合题

甲公司从乙公司购买一批产品，签发了一张金额为 20 万元的支票给乙公司。乙公司为支付工程价款又将该支票背书转让给丙公司。丙公司接受后，不慎将支票遗失。该支票被丁公司拾获，丁公司便伪造了丙公司的签章，并将支票转让给不知情的 A 公司。A 公司又将该支票的金额改为 38 万元转让给 B 公司。B 公司则背书转让给 C 公司。

请根据上述资料，回答下列问题。

（1）不需要承担票据责任的公司是（　　）。

A. 甲公司　　B. 丙公司　　C. 丁公司　　D. C 公司

（2）乙公司需要承担（　　）万元的票据责任。

A. 5　　B. 9　　C. 20　　D. 18

（3）A 公司需要承担（　　）万元的票据责任。

A. 5　　B. 18　　C. 10　　D. 38

（4）如果 C 公司要求 B 公司承担票据责任，则 B 公司应向 C 公司支付（　　）万元。

A. 5　　B. 18　　C. 10　　D. 38

（5）如果 C 公司要求 B 公司承担票据责任，则 B 公司下列处理行为错误的是（　　）。

A. 应先向 C 公司支付 20 万元，然后向 A 公司要求支付 20 万元

B. 应先向 C 公司支付 38 万元，然后向 A 公司要求支付 38 万元

C. 应先向 C 公司支付 20 万元，然后向 A 公司要求支付 38 万元

D. 应先向 C 公司支付 38 万元，然后向 A 公司要求支付 20 万元

第三章　税收法律制度

一、单项选择题

1. 下列选项中，不属于税收特征的是（　　）。

A. 无偿性　　B. 自愿性　　C. 强制性　　D. 固定性

2. 区别不同类型税种的主要标志为（　　）。

A. 税率　　B. 征税对象

C. 税目　　D. 纳税义务人

3. 我国从2016年5月1日起全面推行“营改增”试点，将建筑业、（　　）、金融业和生活服务业等全部营业税纳税人纳入试点范围。

A. 交通运输业　　B. 房地产业　　C. 电信业　　D. 邮政业

4. 下列选项中，只能作为增值税小规模纳税人的是（　　）。

A. 非企业性单位年应税销售额超过小规模纳税人标准的

B. 从事货物生产或者提供应税劳务为主的企业，应税销售额在50万元以下，但会计核算健全，能够提供准确的税务资料

C. 不经常发生应税行为的企业年应税销售额超过小规模纳税人标准的

D. 年应税销售额100万的个人（非个体工商户）

5. 中华人民共和国境外单位或者个人在境内发生应税行为，在境内未设有经营机构的，以（　　）为增值税扣缴义务人。财政部和国家税务总局另有规定的除外。

A. 承包方　　B. 最终消费者

C. 购买方　　D. 发包方

6. 根据企业所得税法律制度的规定，下列关于非居民企业的表述中，正确的是（　　）。

A. 在境外成立的企业均属于非居民企业

B. 在境内成立但有来源于境外所得的企业属于非居民企业

C. 依照外国法律成立，实际管理机构在中国境内的企业属于非居民企业

D. 依照外国法律成立，实际管理机构不在中国境内但在中国境内设立机构、场所的企业属于非居民企业

7. 某增值税一般纳税人，其应税行为采用一般计税方法，下列选项中，按增值税有关规定能作为进项税额抵扣的有（　　）。

A. 外购货物用于集体福利　　B. 外购货物用于免税项目

C. 外购货物发生霉烂变质　　D. 外购货物用于无偿赠送他人

8. 下列选项中，不属于视同销售货物行为的是（　　）。

A. 销售代销货物

B. 将自产的货物作为投资提供给其他单位

C. 将货物交付他人代销

D. 将外购的汽车发给职工作为福利

9. 下列行为中，不能视同销售货物征收增值税的是（　　）。

A. 将自产货物无偿赠送他人　　B. 将外购货物用于个人消费

C. 将外购货物分配给股东　　D. 将自产货物用于集体福利

10. 下列选项中，不得从销项税额中抵扣进项税额的是（　　）。

A. 不合格产品耗用材料所支付的增值税款

B. 购进生产用燃料所支付的增值税款

C. 因管理不善被盗材料所支付的增值税款

D. 购进不动产耗用装修材料所支付的增值税款

11. 下列关于增值税征收的表述中，不正确的是（　　）。

A. 对增值税纳税人收取的会员费收入不征收增值税

B. 纳税人销售软件产品并随同销售一并收取的软件安装费、维护费、培训费等收入，应按照增值税混合销售的有关规定征收增值税，并可享受软件产品增值税即征即退政策

C. 向购买方收取的代购买方缴纳的车辆购置税、牌照费，不作为价外费用征收增值税

D. 纳税人受托开发软件产品，著作权属于受托方或属于双方共同拥有的不征收增值税

12. 下列选项中，免缴个人所得税的是（　　）。

A. 年终加薪

B. 从投资基金管理公司取得的派息分红

C. 个人保险所获赔款

D. 拍卖本人文字作品原稿的收入

13. 下列无形资产中，不属于自然资源使用权的是（　　）。

A. 土地使用权　　B. 海域使用权

C. 采矿权　　D. 经营权

14. 下列关于计税销售额的表述中，不正确的是（　　）。

A. 房地产开发企业销售其开发的房地产项目适用一般计税方法的，以取得的全部价款和价外费用，扣除受让土地时向政府部门支付的土地价款后的余额为销售额

B. 银行提供贷款服务，以提供贷款服务取得的全部利息及利息性质的收入为销售额

C. 建筑企业提供建筑服务适用一般计税方法的，以取得的全部价款和价外费用扣除支付的分包款后的余额为销售额

D. 金融企业转让金融商品，按照卖出价扣除买入价后的余额为销售额

15. 下列业务中，一般纳税人允许开具增值税专用发票的是（　　）。

A. 向个人提供餐饮服务　　B. 向个人销售房屋

C. 向一般纳税人销售货物　　D. 向某科技公司零售烟酒、食品

16. 下列关于应税消费品销售额的表述中，不正确的是（　　）。

A. 应税消费品销售额包括向购买方收取的增值税税款

B. 纳税人自产自用应税消费品，按照纳税人生产的同类消费品的销售价格确定销售额

C. 对因逾期未收回的包装物不再退还的或者已收取的时间超过 12 个月的押金，应并入应税消费品的销售额

D. 随同从价计征应税消费品出售的包装物，无论是否单独计价，均应并入销售额

17. 纳税人采取预收货款结算方式销售应税消费品的，其消费税纳税义务发生时间为（　　）。

A. 签订销售合同的当天　　B. 开具预收款发票的当天

C. 发出应税消费品的当天　　D. 收到预收货款的当天

18. 根据企业所得税法律制度的规定，企业的下列收入中，属于不征税收入的是（　　）。

A. 财政拨款　　B. 产品销售收入

C. 租金收入　　D. 国债利息收入

19. 某企业 2021 年度实现利润总额 100 万元，在营业外支出账户列支了通过公益性社会团体向贫困地区的捐款 10 万元、直接向某小学捐款 5 万元。在计算该企业 2021 年度应纳税所得额时，允许扣除的捐款数额为（　　）万元。

A. 5　　B. 10　　C. 12　　D. 15

20. 根据企业所得税法律制度的规定，企业的下列资产或支出项目中，按规定应计提折旧的是（　　）。

A. 已足额提取折旧仍继续使用的固定资产

B. 未投入使用的机器设备

C. 以融资租赁方式租入的固定资产

D. 单独估价作为固定资产入账的土地

二、多项选择题

1. 下列有关税法概念的表述中，正确的有（　　）。

A. 税法是国家制定的用以调整纳税人之间权利与义务关系的法律规范的总称

B. 制定税法的目的是保障纳税人的合法权益

C. 税收的特征是强制性、无偿性和固定性

D. 税法是国家凭借其权力，利用税收工具参与社会产品和国民收入分配的法律规范的总称

2. 下列选项中，属于我国税法规定的税率形式的有（　　）。

A. 全额累进税率　　B. 定额税率　　C. 比例税率　　D. 超率累进税率

3. 增值税按照固定资产（动产）的抵扣方法分为（　　）。

A. 不允许固定资产抵扣（生产型增值税）

B. 固定资产按照折旧逐步抵扣（收入型增值税）

C. 允许固定资产一次性抵扣（消费型增值税）

D. 不允许固定资产抵扣（消费型增值税）

4. 下列行为中，应当视同销售货物征收增值税的有（　　）。

A. 将自产货物无偿赠送他人　　B. 将外购货物用于个人消费

C. 将外购货物分配给股东　　D. 将自产货物用于非增值税应税项目

5. 单位或者个体工商户向其他单位或者个人无偿提供服务视同销售，但用于（　　）的除外。

A. 以社会公众为对象　　B. 公益事业

C. 政府机关　　D. 民政福利部门

6. 根据现行税法的规定，下列消费品的生产、经营环节，既征收增值税又征收消费税的有（　　）。

A. 高档手表的生产环节　　B. 金银饰品的生产环节

C. 珍珠饰品的零售环节　　D. 卷烟的批发环节

7. 下列关于消费税纳税义务发生时间的说法中，正确的有（　　）。

A. 某酒厂销售葡萄酒 20 箱，直接收取价款 4 800 元，其纳税义务发生时间为收款当天

B. 某汽车厂自产自用 3 台小汽车，其纳税义务发生时间为小汽车移送使用的当天

C. 某烟花企业采用托收承付结算方式销售烟火，其纳税义务发生时间为发出烟火并办妥托收手续的当天

D. 某高档化妆品厂采用赊销方式销售化妆品，合同约定收款日期为 6 月 30 日，实际收到货款日期为 7 月 30 日，纳税义务发生时间为 6 月 30 日

8. 关于企业所得税所得来源的确定，下列表述正确的有（　　）。

A. 销售货物所得按照交易活动发生地确定

B. 提供劳务所得按照劳务报酬支付地确定

C. 特许权使用费所得按负担、支付所得的企业所在地确定

D. 权益性投资资产转让所得按照被投资企业所在地确定

9. 根据《税收征收管理法》的规定，下列情形中税务机关有权核定纳税人应纳税额的有（　　）。

A. 有骗税前科的　　B. 虽设置账簿，但账目混乱，难以查账的

C. 拒不提供纳税资料的　　D. 按规定应设置账簿而未设置的

10. 根据《税收征收管理法》的规定，税务机关在税款征收过程中，根据不同情况，有权采取的措施有（　　）。

A. 加收滞纳金　　B. 核定应纳税额

C. 责令提供纳税担保　　D. 吊销营业执照

三、判断题

1. 税法是税收的法律表现形式，税收则是税法所确定的具体内容。 （ ）

2. 单位或者个体工商户聘用的员工为本单位或者雇主提供取得工资的服务不征收增值税。 （ ）

3. 根据增值税相关法律制度的规定，某电器城销售空调同时负责安装的，应当分别核算，分别按销售货物和销售服务缴纳增值税。 （ ）

4. 纳税人销售货物、加工修理修配劳务、服务、无形资产或者不动产适用不同税率或者征收率的，无论是否分别核算，均应从高适用税率或征收率。 （ ）

5. 根据增值税法律制度规定，一般纳税人发生应税行为只能采用一般计税方法。 （ ）

6. 纳税人提供建筑服务采取预收款方式的，其纳税义务发生时间为建筑服务完成的当天。 （ ）

7. 居民企业和非居民企业均承担无限纳税义务。 （ ）

8. 企业和个人按照省级人民政府规定的比例收取缴付的基本养老金、失业保险金，不计入个人当期的工资、薪金收入，免予征收个人所得税，但个人领取时应征收个人所得税。 （ ）

9. 从事生产、经营的纳税人，应当自领取营业执照之日起 15 日内，持有关证件，向生产、经营地或者纳税义务发生地的主管税务机关申报办理税务登记。 （ ）

10. 某房地产企业采取预收款方式销售不动产，其纳税义务发生时间为收到预收款的当天。 （ ）

四、简答题

1. 增值税准予抵扣的进项税额有哪些？

2. 简述消费税纳税义务发生时间。

五、综合题

某制造企业为增值税一般纳税人，2022 年 7 月发生经济业务如下：

（1）购进一批原材料，取得的增值税专用发票注明的金额为 50 万元，增值税为 6.5 万元。支付运费，取得的增值税普通发票注明的金额为 2 万元，增值税为 0.18 万元；

（2）接受其他企业投资转入材料一批，取得的增值税专用发票注明的金额为 100 万元，增值税为 13 万元；

（3）购进低值易耗品，取得的增值税专用发票注明的金额为 6 万元，增值税为 0.78 万元；

（4）销售产品一批，取得不含税销售额 200 万元，另外收取包装物租金 1.13 万元；

（5）采取以旧换新方式销售产品，新产品含税售价为 7.91 万元，旧产品作价 2 万元；

（6）因仓库管理不善，上月购进的一批工具被盗，该批工具的买价为 8 万元（购进工具的进项税额已抵扣）。

已知该企业取得增值税专用发票均符合抵扣规定，购进和销售产品适用的增值税税率为 13%。计算该企业当月增值税应纳税额。

第四章　劳动合同与社会保险法律制度

一、单项选择题

1. 根据劳动合同法律制度的规定，用人单位在与劳动者订立劳动合同时，下列做法正确的是（　　）。

A. 告知劳动者工作内容、工作条件、工作地点、职业危害、安全生产状况、劳动报酬等

B. 为调查劳动者的身份，暂时扣押劳动者相关证件

C. 为提供培训和制作统一上岗服装而向劳动者索取财物

D. 要求新招聘的出纳人员提供担保

2. 赵某于 2022 年 3 月 15 日与甲公司签订劳动合同，约定试用期 1 个月。4 月 1 日赵某到甲公司上班。赵某与甲公司建立劳动关系的时间是（　　）。

A. 2022 年 3 月 15 日　　B. 2022 年 4 月 1 日

C. 2022 年 4 月 15 日　　D. 2022 年 5 月 1 日

3. 下列关于劳动合同订立的表述中，错误的是（　　）。

A. 建立劳动关系应当订立书面劳动合同，但非全日制用工，可以订立口头劳动合同

B. 对于已建立劳动关系，未同时订立书面劳动合同的，应当自用工之日起 1 个月内订立书面劳动合同

C. 用人单位自用工之日起超过 1 个月不满 1 年未与劳动者订立书面劳动合同的，应当向劳动者每月支付 2 倍的工资

D. 用人单位自用工之日起满 1 年未与劳动者订立书面劳动合同的，视为已经与劳动者订立固定期限劳动合同

4. 2021 年 7 月 1 日，赵某应聘到甲公司工作，每月领取工资 4 000 元，直至 2022 年 10 月 1 日，甲公司才与其订立书面劳动合同。根据劳动合同法律制度的规定，下列说法错误的是（　　）。

A. 赵某与甲公司建立劳动关系的时间是 2021 年 7 月 1 日

B. 视为 2022 年 7 月 1 日甲公司已经与赵某订立无固定期限劳动合同

C. 赵某可以要求甲公司支付 44 000 元的工资补偿

D. 赵某可以要求甲公司支付 56 000 元的工资补偿

5. 下列关于无效劳动合同法律后果的表述中，不正确的是（　　）。

A. 劳动合同被确认无效，给劳动者造成损害的，无论用人单位有无过错均应承担赔偿责任

B. 无效劳动合同从订立时起就没有法律约束力

C. 劳动合同被确认无效，劳动者已付出劳动的，用人单位应当支付劳动报酬

D. 劳动合同部分无效，不影响其他部分效力的，其他部分仍然有效

6. 下列选项中，属于劳动合同约定条款的是（　　）。

A. 试用期　　B. 劳动报酬

C. 社会保险　　D. 劳动合同期限

7. 为更好地帮助考生通过夏季初级会计职称考试，某网络培训机构与赵某签订一份授课合同，双方约定由赵某负责讲授“交易性金融资产的实例操作处理”，由培训机构支付劳动报酬。赵某用 3 个月的时间完成了该门课程的讲授。赵某与该培训机构签订的合同属于（　　）。

A. 无固定期限劳动合同　　B. 为期 3 个月的固定期限劳动合同

C. 以完成单项工作任务为期限的劳动合同　　D. 因季节原因用工的劳动合同

8. 赵某 2021 年研究生毕业，当年 9 月 1 日进入甲公司工作，当年他在甲公司可享受的带薪年休假是（　　）天。

A. 5　　B. 10　　C. 15　　D. 0

9. 赵某与甲公司签订了 2 年的劳动合同，工作中公司对赵某进行了专业技术培训，支付了培训费 30 000 元，公司与赵某约定服务期为 3 年，提前离职违约金为 12 000 元。2 年后，赵某与甲公司签订的劳动合同期满。赵某以劳动合同期满为由离开了公司，公司要求其支付违约金。下列选项中，正确的是（　　）。

A. 赵某可以离开公司，应支付 10 000 元违约金

B. 赵某可以离开公司，应支付 30 000 元违约金

C. 赵某可以离开公司，应支付 12 000 元违约金

D. 赵某可以离开公司，应支付 4 000 元违约金

10. 侯某在甲公司已工作 18 年，2021 年，甲公司提出与其协商解除劳动合同。已知侯某在劳动合同解除前 12 个月的平均工资为 40 000 元，其所在地区 2020 年度职工月平均工资为 8 467 元。甲公司应向侯某支付的经济补偿金额是（　　）元。

A. 304 812　　B. 457 218　　C. 480 000　　D. 720 000

11. 天津人赵某与北京的 A 公司签订劳动合同，担任 A 公司驻深圳办事处联络员，后 A 公司以赵某违反公司制度，利用职务之便收取位于上海的 B 公司回扣，采购高价商品为由，与赵某解除劳动合同并拒绝支付经济补偿。赵某认为自己只是与客户进行正常业务往来，采购价格虽然略高于同类产品市场价格，但质量也是同类产品中最好的，并非恶意采购质次价高的产品，于是向深圳劳动争议仲裁委员会申请劳动仲裁，A 公司则向北京劳动争议仲裁委员会申请劳动仲裁，最终该争议应由（　　）的劳动争议仲裁委员会管辖。

A. 北京市　　B. 天津市　　C. 深圳市　　D. 上海市

12. 根据劳动合同法律制度的规定，下列关于劳动争议解决的表述中，不正确的是（　　）。

A. 自劳动争议调解组织收到调解申请之日起 15 日内未达成调解协议的，当事人可以依法申请仲裁

B. 劳动者对劳动争议的终局裁决不服的，可以自收到仲裁裁决书之日起 15 日内提起诉讼

C. 用人单位对终局裁决不服的，只能自收到裁决书之日起 15 日内向仲裁委员会所在地中级人民法院申请撤销该裁决

D. 终局裁决被人民法院裁定撤销的，当事人可以自收到裁定书之日起 15 日内提起诉讼

13. 根据社会保险法律制度的规定，下列关于基本养老保险的表述中，正确的是（　　）。

A. 企业职工与单位缴纳的养老保险金全部划入个人账户

B. 个人账户不得提前支取

C. 个人账户记账利率不得低于银行活期存款利率

D. 参加职工基本养老保险的个人死亡后，其统筹账户中的余额可以全部依法继承

14. 某企业职工赵某的月工资为 1 600 元，当地社会平均工资为 4 000 元，最低工资为 1 500 元。已知职工基本养老保险个人缴费的比例为工资的 8%，根据《社会保险法》的有关规定，赵某每月应由个人缴纳的基本养老保险费为（　　）元。

A. 128　　B. 136　　C. 192　　D. 320

15. 下列关于基本养老保险待遇的表述中，正确的是（　　）。

A. 符合基本养老保险享受条件的人员，国家按年支付基本养老金

B. 参加基本养老保险的个人，因工死亡的，其遗属可以领取丧葬补助金和抚恤金，所需资金从基本养老保险金中支付

C. 个人死亡同时符合领取基本养老保险丧葬补助金、工伤保险丧葬补助金和失业保险丧葬补助金条件的，其遗属只能选择领取其中的一项

D. 参加基本养老保险的个人，未达法定退休年龄时因工致残完全丧失劳动能力的，可以领取病残津贴，所需资金从基本养老保险金中支付

16. 某企业职工刘某的月工资为 8 000 元。按基本医疗保险缴纳规定，单位缴费比例为 6%，个人缴费比例为 2%，划入个人医疗账户的比例为 30%。当月应记入刘某个人医疗保险账户的储存额为（　　）元。

A. 48　　B. 160　　C. 190　　D. 304

17. 根据劳动法的规定，劳动者有下列（　　）情形的，用人单位可以解除劳动合同，但应提前 30 天以书面形式通知劳动者本人。

A. 在试用期间被证明不符合录用条件的

B. 患病或者负伤，在规定的医疗期内的

C. 严重违反用人单位规章制度的

D. 不能胜任工作，经过培训或调整工作岗位仍不能胜任工作的

18. 能够认定劳动合同无效的机构是（　　）。

A. 各级人民政府　　B. 市场监督管理部门

C. 各级劳动行政部门　　D. 劳动争议仲裁委员会

19. 我国劳动法规定，安排劳动者延长劳动时间的，用人单位应支付不低于劳动者正常工作时间工资的（　　）的工资报酬。

A. 100%　　B. 150%　　C. 200%　　D. 300%

20. 劳动合同可以约定试用期，试用期的期限应（　　）。

A. 不得超过 6 个月　　B. 按合同期限的 1/12 确定

C. 通过平等协商确定　　D. 按合同期限的一定比例确定

二、多项选择题

1. 根据劳动合同法律制度的规定，下列选项中属于劳动合同订立原则的有（　　）。

A. 公平原则

B. 协商一致原则

C. 成本效益原则

D. 诚实信用原则

2. 下列关于劳动合同订立的表述中，错误的有（　　）。

A. 年龄未满 18 周岁的未成年人一律不得签订劳动合同

B. 年龄未满 16 周岁的未成年人一律不得签订劳动合同

C. 用人单位设立的分支机构，依法取得营业执照或者登记证书的，可以作为用人单位与劳动者订立劳动合同

D. 未依法取得营业执照或者登记证书的，一律不得与劳动者订立劳动合同

3. 赵某 2022 年 5 月 1 日进入甲公司工作，公司按月支付工资，至 5 月 25 日公司尚未与赵某签订劳动合同。下列关于公司与赵某劳动关系的表述中，错误的有（　　）。

A. 公司与赵某之间可视为不存在劳动关系

B. 公司与赵某之间可视为已订立无固定期限劳动合同

C. 公司应与赵某补订劳动合同，并支付双倍工资补偿

D. 赵某可与公司终止劳动关系，公司无须支付经济补偿

4. 下列选项中，除劳动者提出订立固定期限劳动合同外，用人单位与劳动者应当订立无固定期限劳动合同的情形有（　　）。

A. 赵某在甲公司连续工作 15 年

B. 钱某与乙公司连续订立 2 次固定期限劳动合同，且钱某无法定不得订立无固定期限劳动合同的情形，继续续订

C. 丙国有企业改制与孙某重新订立劳动合同，孙某在丙企业连续工作 12 年且距法定退休年龄 8 年

D. 丁公司初次实行劳动合同制度，李某在丁公司连续工作 10 年且距法定退休年龄不足 15 年

5. 赵某与甲公司签订一份劳动合同，双方在合同中约定执行标准工时制，并约定甲公司根据生产经营需要可以直接安排赵某加班，但每月安排加班时间合计不得超过 48 小时，工资每月 15 日支付，遇法定休假日顺延至工作日支付。根据《劳动合同法》的有关规定，下列说法正确的有（　　）。

A. 标准工时制是指每天工作 8 小时，每周工作 5 天

B. 双方有关加班的约定符合法律规定

C. 双方约定每月 15 日支付工资符合法律规定

D. 双方约定工资遇法定休假日顺延至工作日支付符合法律规定

6. 赵某日工资 300 元，2022 年 5 月 1 日至 3 日公司安排其加班，未支付加班费，但安排其节后休息 3 天。根据《劳动合同法》的有关规定，下列说法正确的有（　　）。

A. 由于公司已经安排其调休，则可以不支付加班费

B. 虽然公司安排其调休，但仍应支付相应的加班费

C. 若公司不支付加班费，经主管部门责令限期支付，逾期仍不支付，则主管部门可以要求单位加付 900 元的赔偿金

D. 若公司不支付加班费，经主管部门责令限期支付，逾期仍不支付，则主管部门可以要求单位加付 2 100 元的赔偿金

7. 下列关于试用期的表述中，正确的有（　　）。

A. 甲公司与赵某订立 3 个月的劳动合同，试用期为 1 个月

B. 乙公司与钱某订立 1 年期劳动合同，约定试用期为 2 个月

C. 丙公司与孙某订立 3 年期劳动合同，约定试用期为 6 个月

D. 丁公司与李某订立无固定期限劳动合同，约定试用期为 1 年

8. 赵某 2019 年与甲公司签订了为期 3 年的劳动合同，甲公司与其约定了 3 个月的试用期。2020 年赵某离职自谋发展但并不顺利。2022 年甲公司因业务发展邀请赵某担任分公司经理，赵某欣然同意，与甲公司重新签订了为期 3 年的劳动合同，并约定试用期为 1 个月。下列说法正确的有（　　）。

A. 2019 年甲公司的做法符合《劳动合同法》的有关规定

B. 2019 年甲公司的做法不符合《劳动合同法》的有关规定

C. 2022 年甲公司的做法符合《劳动合同法》的有关规定

D. 2022 年甲公司的做法不符合《劳动合同法》的有关规定

9. 刘某原是甲公司的技术总监，公司与他签订竞业限制协议，约定合同解除或终止后 3 年内，刘某不得在本行业从事相关业务，公司每月支付其补偿金 2 万元。在刘某离职后，公司只在第一年按时给予了补偿金，此后一直没有支付，刘某遂在离职 1 年零两个月后到甲公司的竞争对手乙公司上班。甲公司得知后要求刘某支付违约金。下列说法正确的有（　　）。

A. 双方约定的竞业限制期限不符合法律规定

B. 刘某可以提出请求解除竞业限制约定，人民法院应予支持

C. 刘某可以要求甲公司支付竞业限制期间内未支付的补偿金，人民法院应予支持

D. 对甲公司要求刘某支付违约金的请求，人民法院应予支持

10. 下列关于劳动合同违约金的约定，不符合法律规定的有（　　）。

A. 甲公司与赵某约定服务期 5 年，若服务期未满赵某提出离职则须向甲公司支付违约金

B. 乙公司与钱某约定劳动合同期限 3 年，若劳动合同期未满钱某提出离职则须向乙公司支付违约金

C. 丙公司与孙某约定竞业限制期 2 年，竞业限制期内若孙某违反约定则须向丙公司支付违约金

D. 丁公司与李某签订劳动合同，双方约定李某应服从丁公司的劳务派遣安排，若李某不服从派遣安排则须向丁公司支付违约金

三、判断题

1. 劳动合同法律制度规定，劳动者在用人单位连续工作满 10 年的，劳动者提出续订无固定期限劳动合同，用人单位应当与劳动者订立无固定期限劳动合同。劳动者因本人原因从原用人单位被安排到新用人单位工作，原用人单位的工作年限应当合并计算为新用人单位的工作年限。（　　）

2. 用人单位违反规定不与劳动者订立无固定期限劳动合同的，自应当订立无固定期限劳动合同之日起向劳动者每月支付 2 倍的工资，但最多不超过 11 个月。（　　）

3. 带薪年休假在 1 个年度内可以集中安排，也可以分段安排，一般不跨年度安排，但因生产、工作特点等可跨 2 个年度安排。（　　）

4. 工人李某月工资 2 500 元，当地最低工资标准为 2 100 元。2021 年 8 月李某在加工一批零件时因疏忽致使所加工产品全部报废，给工厂造成经济损失 2 000 元。工厂要求李某赔偿经济损失，从其每月工资中扣除，则该工厂可从李某每月工资中扣除的最高限额为 500 元。（　　）

5. 地方各级人民政府及县级以上人民政府有关部门为安置就业困难人员提供的给予岗位补贴和社会保险补贴的公益性岗位，其劳动合同不适用《劳动合同法》有关无固定期限劳动合同的规定，但适用支付经济补偿的规定。（　　）

6. 甲公司在与赵某签订的劳动合同中约定，合同期限 3 年，试用期 3 个月，试用期工资 3 000 元，转正后工资 4 000 元，上述约定符合法律规定。（　　）

7. 赵某在与甲公司签订的劳动合同中仅约定试用期为 6 个月，未约定劳动合同期限，则该劳动合同的期限为 6 个月。（　　）

8. 甲公司生产经营发生严重困难需要裁减人员 20 人，裁减人员方案已向劳动行政部门报告，并提前 30 日向工会说明情况，但未经工会同意，则甲公司不可以裁减人员。（　　）

9. 变更劳动合同应当采用书面形式，未采用书面形式，但已经实际履行了口头变更的劳动合同超过 3 个月，且变更后的劳动合同内容不违反法律、行政法规、国家政策以及公序良俗，当事人以未采用书面形式为由主张劳动合同变更无效的，人民法院不予支持。（　　）

10. 根据社会保险法律制度的规定，工伤职工治疗非工伤引发的疾病，应当享受工伤医疗待遇。（　）

四、简答题

1. 用人单位违法解除或者终止劳动合同的，应当怎么处理？

2. 田某系城镇户口，从西北某县城来到东南沿海某城市的一家企业求职。企业与田某签订了为期 5 年的劳动合同，合同明确约定：企业不为田某缴纳社会保险费。请问该劳动合同中有关社会保险方面的条款是否有效？并说明理由。

五、综合题

2020 年 8 月 1 日，张某与王府饭店总公司签订为期 2 年的劳动合同，在王府饭店北京分店担任厨师，由上海总公司为其支付工资，执行标准工时制度。2020 年“十一黄金周”期间，王府饭店安排张某加班 7 天，“黄金周”结束之后补休 7 天，未支付加班费。

2020 年 11 月张某提出年休假申请，要求享受 10 天的带薪年休假，王府饭店认为张某在本饭店工作时间不满 1 年，未予批准。

2022 年 7 月，张某因炒菜时操作不当被烫伤，住院治疗 1 个月，这期间王府饭店向其支付工资 1 280 元。出院后张某的烫伤被有关部门评定为 9 级伤残。之后王府饭店不再与张某续签劳动合同，并只向其支付了 2 个月的经济补偿金。张某不服申请劳动仲裁，提出要求王府饭店与自己签订无固定期限劳动合同、支付 2020 年的加班费，以及按本人月工资标准发放住院期间工资等多项请求。

据了解，张某自 2005 年开始参加工作，在王府饭店工作的日工资为 300 元，当地最低工资标准为1 600元。另外，“十一黄金周”7天假期中，有3天为法定节假日，4天为休息日。

请根据上述资料，回答下列问题。

（1）关于张某2020年“十一黄金周”期间加班工资的支付，下列说法正确的是（　　）。

A. 王府饭店已安排补休，无须再向张某支付加班工资

B. 虽然王府饭店已安排补休，仍应当向张某支付加班工资6 300元

C. 虽然王府饭店已安排补休，仍应当向张某支付加班工资4 300元

D. 虽然王府饭店已安排补休，仍应当向张某支付加班工资2 700元

（2）关于张某提出年休假申请，下列说法正确的是（　　）。

A. 张某不能享受年休假

B. 张某可以享受4天年休假

C. 张某可以享受5天年休假

D. 张某可以享受10天年休假

（3）关于张某工作中被烫伤，下列说法错误的是（　　）。

A. 张某被烫伤，是因为自己操作不当导致的，不能认定为工伤

B. 王府饭店可按照不低于当地最低工资标准的80%向张某支付治疗期间的工资

C. 张某因工致伤被有关部门评定为9级伤残，王府饭店不能不与张某续签劳动合同

D. 张某因工致伤被有关部门评定为9级伤残，可以按月领取伤残津贴

（4）关于张某提起劳动仲裁，下列说法正确的是（　　）。

A. 张某必须向总公司所在地上海的劳动争议仲裁委员会提起仲裁

B. 如果王府饭店总公司向上海的劳动争议仲裁委员会提起仲裁，张某向北京的劳动争议仲裁委员会提起仲裁，应由上海的劳动争议仲裁委员会管辖

C. 张某请求王府饭店支付2020年的加班费，已经超过仲裁时效

D. 劳动争议仲裁委员会对张某追索加班费所作出的裁决为终局裁决

第五章　会计职业道德

一、单项选择题

1. 下列选项中，属于会计职业道德教育的核心内容，并贯穿于会计职业道德教育始终的是（　　）。

A. 会计职业道德警示教育　　B. 会计职业道德规范教育

C. 会计职业道德观念教育　　D. 形势教育和品德教育

2. 下列关于会计职业道德的表述中，正确的是（　　）。

A. 会计职业道德反映了统治者的意志和愿望

B. 会计职业道德由国家强制力保障实施

C. 会计职业道德不要求调整会计人员的外在行为

D. 会计职业道德具有相对稳定性和广泛的社会性

3. 《公民道德建设实施纲要》中提出了职业道德的主要内容，即爱岗敬业、诚实守信、办事公道、服务群众、奉献社会。其中（　　）是职业道德的归宿。

A. 爱岗敬业　　B. 诚实守信　　C. 办事公道　　D. 奉献社会

4. “理万金，分文不沾”，这句话体现的会计职业道德是（　　）。

A. 提高技能　　B. 强化服务　　C. 参与管理　　D. 廉洁自律

5. 会计人员在工作中“都是熟人不会错”的不良习惯，违背了会计职业道德规范中的（　　）。

A. 爱岗敬业　　B. 诚实守信　　C. 办事公道　　D. 客观公正

6. 会计人员应熟悉国家法律、法规和国家统一的会计制度，始终坚持按法律、法规和国家统一的会计制度的要求进行会计核算，实施会计监督。该要求是会计职业道德 8 个规范中（　　）的主要内容。

A. 廉洁自律　　B. 客观公正　　C. 坚持准则　　D. 提高技能

7. 会计人员（　　）的道德观念如何，将直接影响会计信息的真实性和完整性。

A. 爱岗敬业　　B. 诚实守信　　C. 廉洁自律　　D. 提高技能

8. 会计人员在工作中应主动就单位经营管理中存在的问题提出合理化建议，协助领导决策。这体现的会计职业道德规范是（　　）。

A. 提高技能　　B. 参与管理　　C. 坚持准则　　D. 爱岗敬业

9. “常在河边走，就是不湿鞋”，这句话体现的会计职业道德规范是（　　）。

A. 参与管理　　B. 提高技能　　C. 强化服务　　D. 廉洁自律

10. “坚持好制度胜于做好事，制度大于天，人情薄如烟”，这句话体现的会计职业道德规范是（　　）。

A. 参与管理　　B. 提高技能　　C. 坚持准则　　D. 强化服务

11. 对一切不合法、不合理的业务开支，会计人员都要严肃认真地对待，把好关、守好口。这体现了爱岗敬业中（　　）的基本要求。

A. 热爱会计工作　　B. 敬重会计职业

C. 严肃认真，一丝不苟　　D. 忠于职守，尽职尽责

12. 开展会计职业道德（　　）是道德规范付诸实施的必要方式，也是促使道德力量发挥作用的必要手段，具有重要的现实意义。

A. 建设与监督　　B. 检查与奖惩　　C. 组织与实施　　D. 教育与推广

13. 会计法律制度是以会计人员享有的权利和义务为标准来判定其行为是否违法，而会计职业道德是以善恶为标准来判定会计人员的行为是否违背道德规范，这体现了两者的（　　）不同。

A. 保障机制　　B. 性质　　C. 评价标准　　D. 作用范围

14. 下列选项中，属于对会计职业道德进行自律管理与约束的机构是（　　）。

A. 财政部门　　B. 其他组织

C. 会计行业组织　　D. 纪律检查部门

15. 下列关于会计职业道德检查与奖惩意义的表述中，不正确的是（　　）。

A. 促使会计人员遵守职业道德规范

B. 有利于形成抑恶扬善的社会环境

C. 具有裁决与教育作用

D. 树立会计人员会计职业荣誉感

16. 下列关于会计职业道德与会计法律制度区别的表述中，正确的是（　　）。

A. 调整对象不同　　B. 目标不同　　C. 作用范围不同　　D. 职责不同

17. 下列关于会计职业道德建设组织与实施的表述中，不正确的是（　　）。

A. 企业事业单位的奖励　　B. 财政部门的组织推动

C. 会计行业的自律　　D. 社会各界的监督与配合

18. 加强会计职业道德建设的意义不包括（　　）。

A. 能有效提高会计人员职业道德水平

B. 是培养高素质会计人才的重要措施

C. 有利于反腐倡廉，进而有助于形成全社会的清正廉洁之风

D. 有利于单位提高经济效益

19. 会计职业道德的主要作用，不包括（　　）。

A. 是规范会计行为的基础

B. 是实现会计目标的重要保证

C. 是对会计法律制度的重要补充

D. 对社会道德风尚会产生积极的影响

20. 对会计人员遵守职业道德情况进行考核和奖惩的主要依据是（　　）。

A. 会计行业组织有关规定　　B. 会计职业道德准则和规范

C. 单位内部工作纪律　　D. 会计法等法律法规

二、多项选择题

1. 下列选项中，属于会计职业道德规范教育内容的有（　　）。

A. 诚实守信教育　　B. 爱岗敬业教育

C. 廉洁自律教育　　D. 客观公正教育

2. 会计职业道德与会计法律制度的区别主要表现在（　　）。

A. 性质不同　　B. 作用范围不同

C. 表现形式不同　　D. 实施的保障机制不同

3. 会计职业道德和会计法律制度的联系表现为（　　）。

A. 相互排斥　　B. 相互协调　　C. 相互吸收　　D. 相互促进

4. 下列选项中，属于会计职业道德主要作用的有（　　）。

A. 实现会计目标的重要保证　　B. 对会计法律制度的重要补充

C. 规范会计行为的基础　　D. 促进企业活动的正常进行

5. 下列关于会计职业道德内容中的“坚持准则”的表述，不正确的有（　　）。

A. 坚持准则是会计职业道德的基础

B. 坚持准则是会计职业道德的前提

C. 坚持准则是会计职业道德的精髓

D. 坚持准则是会计职业道德所追求的理想目标

6. 下列关于“廉洁自律”中廉洁与自律关系的表述，不正确的有（　　）。

A. 廉洁是自律的基础　　B. 自律是廉洁的基础

C. 自律是廉洁的保证　　D. 廉洁是自律的保证

7. 会计职业道德中，诚实守信的要求是会计人员做老实人、说老实话、办老实事、执业谨慎、信誉至上以及（　　）。

A. 不为利益所诱惑　　B. 不弄虚作假　　C. 不贪不占　　D. 不泄露秘密

8. 强化单位会计人员的服务就是（　　）。

A. 客观、真实地记录、反映单位的经济业务活动

B. 为管理者提供真实准确的经济信息，当好参谋

C. 为股东真实地记录财产的变动情况

D. 代替领导决策，参与经营管理活动

9. 下列关于会计职业道德教育内容的表述，错误的有（　　）。

A. 普及会计职业道德基础知识，是会计职业道德教育的核心

B. 会计职业道德规范教育是指对会计人员开展以会计法律制度为主要内容的教育

C. 会计职业道德规范教育是会计职业道德教育的基础

D. 会计职业道德教育还包括形势教育、品德教育、法制教育

10. 下列关于会计职业道德规范主要内容的表述，正确的有（　　）。

A. 强化服务既是会计职业道德的出发点，也是会计职业道德的归宿

B. 沟通交流能力是会计人员必须不断提高的业务技能之一

C. 坚持准则和强化服务在对会计人员的要求上存在冲突

D. 依法办事是保证会计工作客观公正的前提

三、判断题

1. 会计职业道德与会计法律制度一样，都以国家强制力作为实施的保障。（　　）

2. 在经济生活中，经常发生没有违反法律、法规的要求，却违反了会计职业道德的行为。（　　）

3. 会计法律制度是会计职业道德的最低要求。（　　）

4. 公正是指按事物的本来面目去反映，不掺杂个人的主观意愿，也不为他人意见左右。（　　）

5. 各级财政部门应当把会计职业道德建设与会计法治建设紧密结合起来。（　　）

6. 泄密不仅是一种不道德的行为，也是违法行为，是会计职业的大忌。（　　）

7. 忠于职守不仅要求会计人员认真地执行岗位规范，而且要求在各种复杂的情况下，能够抵制各种诱惑，忠实地履行岗位职责。（　　）

8. 社会主义职业道德与传统职业道德之间没有必然的关系，不具备继承性。（　　）

9. 法律惩罚和道德惩罚应同时并举。（　　）

10. 会计职业道德检查的目的是清除腐败。（　　）

四、简答题

1. 简述会计职业道德规范的主要内容。

2. 简述会计职业道德检查与奖惩的意义。

五、综合题

丁公司 2021 年工作中存在以下情况：

（1）财务部张经理努力学习理论知识，发现了公司经营管理中的薄弱环节，以强化成本核算和管理为突破口，将成本逐层分解至各部门并实行过程控制，大大降低了成本，提高了经济效益。

（2）为帮助各部门及时反映成本费用，落实成本控制指标，会计人员徐某精心设计核算表格，并对相关人员进行核算业务指导，提高了该项工作的质量。

（3）公司处理一批报废汽车收入 15 000 元，公司领导要求不在公司收入账上反映，指定会计人员李某另行保管，以便经理室应酬所用，会计人员李某遵照办理。

（4）新兴公司财务经理找到丁公司财务总监王某，以给 5 000 元好处费为诱饵，希望王某促成丁公司为新兴公司银行贷款作担保，遭到王某拒绝。

请根据上述资料，回答下列问题。

（1）张经理的行为体现的会计职业道德规范有（　　）。

A. 廉洁自律　　B. 坚持准则　　C. 参与管理　　D. 提高技能

（2）会计徐某的行为体现的会计职业道德规范有（　　）。

A. 客观公正　　B. 坚持准则　　C. 参与管理　　D. 强化服务

（3）会计李某的行为违反的会计职业道德规范有（　　）。

A. 客观公正　　B. 坚持准则　　C. 诚实守信　　D. 提高技能

（4）王某的行为体现的会计职业道德规范有（　　）。

A. 客观公正　　B. 坚持准则　　C. 廉洁自律　　D. 提高技能

（5）会计职业道德建设的力量有（　　）。

A. 财政部门的组织推动　　B. 会计行业组织的行业目标

C. 社会各界齐抓共管　　D. 单位负责人的核实落实